QUELQUES IDÉES PRATIQUES

A PROPOS DE L'AVÉNEMENT

DU RÉGIME PARLEMENTAIRE

EN FRANCE.

AUTUN

IMPRIMERIE DE MICHEL DEJUSSIEU.

1870.

MONSIEUR LE PRÉSIDENT,

Dans la séance du 26 décembre, vous avez prononcé, à l'occasion du futur Règlement de la Chambre, des paroles qui ont eu un véritable retentissement.

Vous avez dit qu'en Angleterre, les Règlements du Parlement, ce sont les mœurs, ce sont les usages, et qu'ils consistaient dans l'habitude d'agir suivant les conditions du bon sens, de la loyauté et du patriotisme.

Vous avez constaté, au point de vue des mœurs politiques de ce pays, que la Chambre des Communes n'a pas plus de Règlement que la nation anglaise n'a, à vrai dire, de Constitution écrite, et vous avez ajouté qu'il y avait peut-être lieu de tenir compte de cette remarque au moment où nous entrons dans un régime nouveau.

Permettez-moi de placer cette brochure sous le patronage de votre bienveillante affection et de votre expérience politique, en prenant pour épigraphe les paroles que je viens de citer.

Veuillez agréer, Monsieur le Président, l'assurance de mon respectueux attachement.

J. BREYNAT.

Autun, le 6 janvier 1870.

QUELQUES IDÉES PRATIQUES

A PROPOS DE L'AVÈNEMENT

DU RÉGIME PARLEMENTAIRE

EN FRANCE.

I.

La Lettre.

L'interpellation des cent seize a été le point de départ de l'évolution politique qui vient de s'accomplir en France, la lettre de l'Empereur à M. Émile Ollivier en est la conclusion logique.

En chargeant un chef de cabinet du soin de former un ministère, l'Empereur a proclamé le retour du gouvernement parlementaire en France.

L'abîme qui semblait séparer l'Empire autoritaire de l'Empire libéral est franchi.

Il me paraît utile d'étudier les résultats probables de cette révolution pacifique qui est sans précédent dans l'histoire.

Il ne faut se faire aucune illusion : la transformation qui vient de s'opérer n'est pas sans danger ; elle n'amènera la consolidation définitive de la dynastie napoléonienne que si l'on sait se maintenir à égale distance de deux écueils périlleux :

La réaction et l'utopie !

Tout conserver ou tout changer, sont les bords opposés du même précipice.

Ceux qui voudraient perpétuer, sous l'Empire constitutionnel, les traditions anciennes conduiraient à la révolution par la réaction.

Ceux qui porteraient une main imprudente sur les rouages gouvernementaux, qui, depuis soixante-dix ans, font la grandeur de la France, nous amèneraient à un cataclysme par l'anarchie.

Ce n'est point tant de lois nouvelles dont la France a besoin, que d'un esprit nouveau pour appliquer celles qui existent. Imitons la sagesse anglaise qui sait être forte et libre sans constitution écrite.

Je n'ai pas la prétention d'examiner et de juger les différents programmes politiques qui ont été formulés dans ces derniers temps. Mon seul but est d'appeler l'attention des hommes politiques qui nous gouvernent sur quelques questions qui touchent à l'organisation politique de la France.

II.

Du rôle de l'administration en France sous le régime autoritaire; — Sa mission dans l'avenir.

Le suffrage universel est appelé à constituer la force gouvernementale de l'avenir; il sera la base la plus solide du pouvoir, et le moyen le plus sûr de réaliser le progrès.

Mais pour que le suffrage universel donne les fruits que nous en attendons, il faut le placer dans deux conditions essentielles : la liberté et la lumière.

La liberté, par l'abstention de l'action administrative.

La lumière, par la diffusion de l'instruction publique.

De 1852 à 1870, le suffrage universel a vécu dans un véritable état de tutelle. Pendant dix-huit ans, le gouvernement a exercé sur lui une influence prépondérante, en désignant les candidatures et en usant des forces dont il disposait pour les faire triompher.

On a sans doute exagéré les abus de cette direction de l'opinion publique, et, en concluant du particulier au général, on s'est servi de quelques faits scandaleux pour déverser sur l'ensemble du corps administratif un blâme immérité.

Le plus grand tort de ce régime a été de déshabituer le pays à faire ses affaires. On a jeté ainsi dans le sein du grand parti de l'Empire des germes d'atonie et d'impuissance qui sont aujourd'hui le danger le plus réel de la situation.

Le parti de l'Empire, qui a pour lui l'immense majorité de la nation, ne possède aucune cohésion : l'esprit d'initiative lui fait complétement défaut.

Le parti révolutionnaire, au contraire, a grandi ; il s'est fortifié des obstacles mêmes qu'il a rencontrés sur sa route. Sa discipline, surtout dans les villes, est complète.

Les élections de 1869 ayant frappé de mort l'influence administrative au point de vue électoral, il importe de substituer à cette force disparue un élément nouveau qui la remplace.

Organiser sur toute la surface de l'Empire le parti libéral napoléonien, transformer ce qui n'était qu'un sentiment platonique de conservation en action énergique et raisonnée : tel est le problème à résoudre.

Réveiller par tous les moyens possibles l'opinion publique endormie depuis dix-huit ans, telle doit être la mission de l'administration dans l'avenir.

Mais il ne suffit pas d'apercevoir clairement le but ; il faut se préoccuper de la route qui y conduit, et la créer si elle n'existe pas.

Pourquoi n'emprunterions-nous pas au parti révolutionnaire les procédés dont il s'est servi pour unir et grouper ses forces vives?

C'est à l'aide des comités électoraux que le parti révolutionnaire est parvenu à se discipliner et à contre-balancer souvent l'influence gouvernementale. Ce sera à l'aide des comités électoraux que le parti de l'Empire parviendra à se constituer.

Les divisions administratives se prêtent merveilleusement à cette organisation : l'arrondissement, le canton, la commune.

L'arrondissement sera la synthèse politique des cantons, le canton celle des communes.

Si l'on organise dans chaque arrondissement un comité électoral permanent qui renfermera toutes les forces vives des cantons; si, dans le canton, on forme des sous-comités qui rempliront vis-à-vis des communes le rôle de l'arrondissement vis-à-vis de l'ensemble de la circonscription, le problème sera résolu, et le gouvernement aura pour le soutenir une organisation plus puissante que celle qui existait sous le régime autoritaire : ce ne seront plus quelques fonctionnaires qui imprimeront le mouvement au corps électoral, ce sera la nation elle-même qui agira dans la conscience de sa liberté.

La seule mission réservée à l'administration sera de mettre autant d'ardeur à réveiller l'esprit public qu'elle a employé de soins à l'étouffer en le dirigeant.

Le meilleur moyen d'arriver à ce but, c'est de développer l'instruction publique, car l'ennemi le plus redoutable d'un gouvernement libre sera toujours l'ignorance.

III.

**De l'organisation administrative en France;
Des réformes possibles; — De la décentralisation; — Sa
formule.**

La mode est aujourd'hui aux innovations. Ce symptôme accompagne toujours en France les modifications politiques. On aime à se figurer que des lois nouvelles doivent amener cet idéal que l'humanité cherche incessamment sans pouvoir l'atteindre complétement.

Cette tendance, qui tient au caractère de notre nation, constitue un véritable danger. Ce n'est pas tant la législation qu'il importe de modifier que l'esprit qui doit l'appliquer.

Parmi les innovations proposées, la suppression des sous-préfectures a eu des prôneurs nombreux.

Rien ne serait plus préjudiciable aux intérêts politiques et aux intérêts administratifs.

Il est probable que les circonscriptions électorales auront pour délimitation naturelle l'arrondissement.

S'il en est ainsi, ne sera-t-il pas nécessaire pour le gouvernement d'avoir, dans les chefs-lieux, des fonctionnaires dont la mission sera de faire rayonner autour d'eux les inspirations du pouvoir central ?

Le délégué politique de l'arrondissement, n'eût-il d'autre rôle que de réveiller le grand parti de l'Empire, et d'être à ce parti ce que le lien est à la gerbe, que sa conservation serait justifiée.

Mais si, de l'ordre politique, on descend aux intérêts matériels de l'ordre administratif, il est évident que la suppression de ce rouage amènerait la confusion et l'anarchie.

En centralisant toutes les affaires au département, on marcherait dans un sens opposé aux idées de décentralisation qui dominent. Au lieu de décentraliser, on centraliserait ; — au lieu de simplifier, on compliquerait ; — au lieu d'activer la solution des affaires, on la retarderait.

On aime à se plaindre des lenteurs de la bureaucratie. Que l'on fasse une enquête, et on verra qu'elles ne proviennent presque jamais des sous-préfectures, — souvent des préfectures, — plus souvent encore des ministères. — C'est là surtout que doit se porter l'attention.

Une vérité banale a été dite à ce sujet : « On n'administre bien que de près. »

Il est urgent cependant de donner une satisfaction à l'opinion publique, qui, depuis 1848, ne cesse de protester en faveur des idées décentralisatrices.

Comme tous les problèmes, la décentralisation doit avoir sa formule. Je crois que la seule vraie est la suivante :

Attribuer :

Au département, la solution de toutes les questions d'intérêt général et départemental ;

A l'arrondissement, celles qui relèvent de cette unité ;

Au canton, les questions cantonales ;

A la commune, celles qui intéressent cette dernière division.

L'application de cette formule sera une véritable révolution administrative ; elle fera pénétrer, avec la liberté, la responsabilité à tous les degrés.

Au lieu de supprimer l'arrondissement, développez la vitalité de cette division administrative. Remplacez les vœux de son conseil par des délibérations effectives ; créez des conseils cantonaux représentant les intérêts de l'ensemble communal, et vous aurez résolu l'amélioration la plus désirable de cette époque.

IV.

De la nomination des Maires.

De toutes les questions soulevées dans ces derniers temps, celle de la nomination des maires est sans contredit celle qui aura le plus d'influence sur les destinées de l'Empire.

Quatre projets sont en présence :

1° La nomination des maires par le pouvoir exécutif, en les prenant dans le sein du conseil;

2° La nomination des maires par le conseil;

3° La nomination des maires par le pouvoir exécutif, sur une liste de trois membres proposée par le conseil;

4° La nomination des maires par le suffrage universel.

La première solution est, sans contredit, le moyen le plus sage et le plus pratique de résoudre la question.

En choisissant le maire dans le sein du conseil municipal, on concilie deux intérêts : on respecte la décision du suffrage universel, et on conserve à ces nominations le caractère d'émanation du pouvoir exécutif.

Tenant à la fois son mandat du suffrage universel et du gouvernement, le maire se souviendra toujours de sa double origine, et il possèdera ces deux attributs indispensables : la liberté et l'autorité.

La nomination des maires par les conseils municipaux serait, sans contredit, le parti le plus dangereux.

Ce système serait l'anéantissement de l'indépendance et de l'autorité des chefs des municipalités, et le signal de divisions regrettables dans toutes les communes.

Pour ceux qui ont étudié de près la vie communale, il ne peut subsister aucun doute.

En effet, il n'existe peut-être pas, parmi les 36,000 communes de France, une seule qui ne renferme dans le sein du conseil municipal deux ou trois ambitions qui aspirent à la direction de la commune.

Le jour où les conseils municipaux auront à se prononcer sur la valeur des ambitions personnelles, ils se trouveront forcément divisés en deux ou trois fractions parfaitement hostiles. De fait la bonne harmonie se trouvera détruite sur tous les points.

Que deviendra l'autorité du maire, lorsque son pouvoir dépendra du vote de son conseil?

Citons pour exemple une classe d'affaires des plus fréquentes : les anticipations communales.

Comment le maire pourra-t-il faire respecter la propriété commune, lorsque les usurpateurs, — et c'est ce qui a lieu la plupart du temps, — seront des conseillers communaux?

Forcément le maire se trouvera placé dans cette alternative, ou de fermer les yeux sur les spoliations, ou de mécontenter ceux qui l'ont élu.

Le cabaret qui, malheureusement, exerce une si grande influence sur le suffrage universel, sera presque toujours lo lieu où lo conseil municipal puisera ses inspirations, et la plupart du temps la mairie deviendra le prix des libations les plus scandaleuses.

Au point de vue politique, les inconvénients sont aussi graves. Comment pourra-t-on constituer l'esprit politique avec des maires privés de toute liberté et de toute autorité? Il ne s'agit pas de conserver les dernières traces du pouvoir personnel, mais bien d'établir sur tous les points de l'Empire des administrations locales respectables et respectées.

On a proposé de faire nommer les maires sur une liste de trois membres proposée par le conseil municipal.

Ce troisième système renferme tous les inconvénients du précédent; en effet, le conseil municipal qui voudra faire prévaloir un choix mauvais n'aura qu'à compléter sa liste en y plaçant des candidats impossibles.

Mieux vaudrait certainement recourir franchement au suffrage universel direct pour la nomination des maires.

Il est probable que les choix des populations seront généralement honnêtes; on aura peut-être quelques maires hostiles au point de vue politique, mais ce sera l'exception, et presque toujours le suffrage universel se prononcera en faveur des hommes les plus dignes.

Ce dernier système présente toutes les garanties désirables d'indépendance et d'autorité.

Mais il a le grand inconvénient de porter une atteinte profonde au principe du pouvoir exécutif.

Il peut se présenter des circonstances qui feront regretter amèrement d'avoir fait une concession qui se trouve en opposition avec les principes fondamentaux du gouvernement.

V.

De la liberté de la presse; — Des journaux dans les départements; — De l'attribution des annonces judiciaires.

L'expérience a prouvé l'impuissance et la vanité de toutes les lois sur la presse.

Tous les essais de réglementation qui se sont succédé sont tombés sous le sentiment de l'impopularité.

Il serait peut-être sage d'entrer dans une voie tout à

fait nouvelle, celle de la liberté la plus absolue, en supprimant d'un seul coup toutes les lois qui régissent cette délicate matière. Il suffirait de faire rentrer dans le droit commun les délits de cette nature.

Cette solution, qui est essentiellement radicale, simplifie le problème en supprimant la question si complexe de l'attribution des délits de la presse, soit au jury, soit aux tribunaux.

Nul besoin de lois nouvelles, — il suffira de modifier profondément la jurisprudence des tribunaux sur cette matière.

En France, on se montre justement sévère pour toutes les atteintes portées à la propriété. Ne serait-il pas juste de protéger d'une manière aussi efficace ce qui est supérieur à tous les biens matériels de ce monde : l'honneur?

La désuétude dans laquelle est tombé l'amendement de M. de Guilloutet est un fait significatif.

En effet, la pénalité établie par cet amendement est tellement illusoire, que personne n'a jamais cherché à lui demander sa protection contre les atteintes de la diffamation.

Le jour où la calomnie, par la voie de la presse, sera réprimée par des peines proportionnées à l'injure et au tort réel qui peut en résulter, on verra disparaître ces scandales qui, la plupart du temps, aboutissent à des rencontres barbares et sanglantes.

Il y aura à examiner si le cautionnement ne devra pas être conservé comme un principe de garantie pour la réparation des délits de la presse.

L'opinion publique semble se prononcer contre le droit accordé aux préfets de désigner les journaux chargés des annonces judiciaires. — Pourquoi ne pas confier aux tribunaux cette attribution?

Quant au projet d'une liberté absolue pour l'insertion de ces sortes d'annonces, il apparaît comme impraticable aux yeux de tous les hommes sensés. Cette liberté serait la négation même de la publicité.

La presse, en province, se divise en deux classes : la presse officieuse et la presse de l'opposition.

Seuls, les journaux de l'opposition ont exercé une véritable influence ; les journaux officieux, au contraire, loin de constituer une force pour le gouvernement, n'ont été pour lui qu'un embarras, et souvent même un danger.

L'explication de cette anomalie est facile :

En France, l'opinion publique se porte toujours vers la liberté, et elle dédaigne tout ce qui de près ou de loin lui apparaît comme une manifestation de la pensée officielle.

La direction de la presse aurait pu comprendre autrement sa mission. Jusqu'à ce jour, elle s'est bornée à envoyer aux journaux officieux de la province des correspondances autographiées qui traduisaient bien la pensée gouvernementale, mais nullement les mouvements de l'opinion publique.

Si l'on veut faire de la presse départementale une force véritable, il importe de la soustraire à l'esclavage du mot d'ordre officiel, qui fait qu'il n'y a qu'une seule plume en France pour rédiger les journaux gouvernementaux.

La direction de la presse devrait, à mon avis, se borner à indiquer les intentions du gouvernement sur les points importants de la politique générale, en laissant à chaque rédacteur la liberté de les traduire.

Le personnel des rédacteurs y gagnera, et l'influence si effacée de cette presse renaîtra sous l'empire de l'initiative individuelle.

Une mesure indiquée serait de constituer auprès de chaque journal un comité de direction formé des personnalités les plus en évidence. Lorsque le jour d'une nouvelle épreuve du suffrage universel arrivera, on serait sûr de trouver autour du journal un groupe d'hommes intelligents, qui deviendrait naturellement le germe des comités électoraux.

En écrivant ces lignes, je n'ai pas eu la prétention de résoudre les grosses questions auxquelles j'ai touché ; je n'ai voulu qu'indiquer à grands traits les solutions les plus conformes aux intérêts du pays et aux désirs des départements.

L'opinion de la province peut être caractérisée en quelques mots : elle est libérale, et sa grande terreur est la révolution ; elle désire le contrôle du pouvoir, et elle ne veut pas son renversement.

Elle avait accepté l'Empire autoritaire comme une garantie d'ordre et de sécurité ; elle acceptera l'Empire avec la liberté comme la base la plus large de l'édifice social, et comme l'appui le plus sûr de la dynastie.